ESSAI

SUR L'ÉTUDE HISTORIQUE

DU DROIT,

ET SON UTILITÉ POUR L'INTERPRÉTATION

DU CODE CIVIL.

PAR

HENRI KLIMRATH,

LICENCIÉ ÈS-LETTRES ET DOCTEUR EN DROIT,
AVOCAT.

STRASBOURG,

Imprimerie de F. G. LEVRAULT, imprimeur de la Faculté de Droit.

1835.

ESSAI

SUR L'ÉTUDE HISTORIQUE

DU DROIT,

ET SON UTILITÉ POUR L'INTERPRÉTATION

DU CODE CIVIL.

PAR

HENRI KLIMRATH,

LICENCIÉ ÈS-LETTRES ET DOCTEUR EN DROIT,

AVOCAT.

STRASBOURG,

De l'imprimerie de F. G. LEVRAULT, imprimeur de la Faculté de Droit.

1833.

ESSAI

sur

L'ÉTUDE HISTORIQUE DU DROIT.

PREMIÈRE PARTIE.

De l'histoire du Droit en général.

L'on accuse souvent le Droit d'être une étude aride, peu intéressante, à laquelle il faut bien se résoudre, puisque la complication des rapports et des intérêts ne permet plus de décider les différends par les seules inspirations de l'équité naturelle ou de l'usage, mais qui, fastidieuse analyse de textes plus ou moins arbitraires, ne peut que dessécher l'esprit et le cœur.

Ce reproche n'est que trop fondé, lorsque, par une méthode déplorable, on réduit le Droit à n'être plus qu'une pure affaire de mémoire, afin de retenir les dispositions de la loi, et une simple interprétation grammaticale et logique, afin d'argumenter subtilement des cas prévus aux cas pour lesquels il manque une solution légale. Comment son étude inspirerait-elle un goût vif et généreux ; comment offrirait-elle un intérêt plus élevé que cet intérêt vulgaire qu'on prend à tout métier qui vous fait vivre, lorsqu'on s'arrête à la lettre morte, et qu'on méconnaît son intime connexion avec ce qui donne la vie et la dignité aux sciences morales, avec la philosophie et l'histoire? Si l'on comprenait mieux la nature et l'origine du Droit, son principe éternel et ses formes variables, mais progressives, on y apercevrait, sous une face particulière, tous les problèmes et toutes les destinées de l'humanité. Sciences historiques, philosophiques, politiques, économiques, il n'en est pas une qui ne trouvât dans le Droit son complément, en même temps qu'elles l'éclaireraient toutes de leur lumière.

Ce n'est pas, qu'on s'en persuade bien, une vaine curiosité, ni l'envie de faire un jeu agréable d'une étude sévère, qui nous porte à combattre une méthode presque généralement suivie en France. On ne saurait méconnaître l'avantage d'une alliance de l'histoire et de la philosophie avec le Droit, si par là on parvenait à réveiller un peu d'intérêt et d'ardeur pour une étude dont la partie scientifique est aujourd'hui si négligée.[1] Toutefois, si l'on ne nous accordait que cela, nous croirions n'avoir rien gagné. L'histoire et la philosophie ne seraient alors qu'un appât utile pour amorcer la jeunesse, un accessoire intéressant, mais étranger à l'essence même du Droit et indifférent pour la pratique.

N'oublions pas quels devoirs sont imposés à l'ensei-

---

[1]. Nous disons la partie scientifique, car la savante Allemagne reconnaît elle-même la supériorité de nos praticiens. M. DE SAVIGNY, qui avait assez mal parlé de la jurisprudence française, a fait amende honorable en rendant un éclatant témoignage aux ouvrages de M. MERLIN, qu'il appelle des modèles d'une discussion à la fois élégante, ingénieuse et solide. *De la vocation de notre siècle, etc.;* préface de la 2.e édition.

gnement public. Il ne s'agit pas seulement de former des juges, des avocats, des notaires; mais, avant tout, des hommes et des citoyens. Or, la science, mal dirigée, est souvent plus nuisible qu'utile à la conduite de la vie. Une instruction incomplète, superficielle, routinière, produit les notions exclusives, les préjugés étroits, les préventions haineuses. Mais, s'il suit de là que l'histoire et la philosophie doivent être enseignées, pour vaincre, par les idées plus larges, par les affections plus bienveillantes qu'elles inspirent, les erreurs et les mauvais penchans qu'enfante trop souvent la préoccupation des spécialités, il ne s'ensuit pas de même que leur enseignement doive être associé à celui du Droit.

Telle est pourtant notre conviction, qu'il ne sera pas difficile, ce nous semble, de justifier. Laissant à d'autres le soin de prouver notre thèse pour la philosophie, nous nous bornerons ici à l'histoire. Heureux, si nous pouvions engager la jeune génération à laquelle nous appartenons, ou celles qui nous suivent, à faire un jour pour l'histoire du Droit ce que notre siècle a déjà commencé de faire pour l'histoire générale par l'organe de quelques hommes supérieurs que nous reconnaissons hautement pour nos maîtres. [1]

---

1. Il suffira de nommer MM. Guizot et Auguste Thierry. — Ce que nous souhaitons ici à la France existe en Allemagne qui a, pour le Droit même, son école historique. Si elle n'est pas exempte de tous défauts, l'impulsion qu'elle a donnée aux études est déjà riche en heureux résultats. Les travaux de Hugo et de Savigny sur le Droit romain, d'Eichhorn et de Mittermaier sur le Droit germanique, commencent à être connus et appréciés même en France

On n'a jamais contesté l'utilité de l'histoire. On a compris qu'elle offrait des points de comparaison qu'il était important d'étudier. Elle est apparue comme un vaste recueil d'expériences faites par les hommes, d'où l'on pouvait tirer d'utiles enseignemens sur ce qu'il convenait de faire ou d'éviter dans les situations analogues du présent. *L'homme est toujours et partout le même ; et des causes semblables produisent des effets semblables :* telles sont les propositions sur lesquelles est fondée cette manière pragmatique de considérer et d'apprécier l'histoire. Peu importe alors en quel temps, en quel lieu l'on va prendre ces leçons de l'expérience. Une histoire de la Chine, en la supposant aussi complète et aussi véridique que notre histoire nationale, sera tout aussi instructive pour un Français que l'histoire de France elle-même.

Nous n'avons garde de déprécier l'étude de l'histoire et des mœurs des nations lointaines. Ces voyages entrepris au loin par la pensée, produisent des effets pareils à ceux qu'Homère attribuait déjà aux voyages d'Ulysse, *qui avait vu les villes et reconnu l'esprit de beaucoup d'hommes.* Les idées s'élargissent, les préjugés s'effacent. Celui qui aura lu, même superficiellement, les lois de Manou ou de Zoroastre, jugera tout autrement la législation de son pays, et ne sera plus tenté de prendre, comme on l'a souvent fait, faute de connaître autre chose, quelques fragmens du Digeste ou quelques articles du Code pour autant de vérités immuables, pour le Droit naturel et universel de l'humanité.

Toutefois, l'importance de toutes les histoires, de toutes les législations du globe, n'est évidemment pas égale pour tous les peuples. L'opinion reçue, qui ne ment entre elles aucune différence et qui, pensant trouver partout les seuls enseignemens qu'elle demande à l'histoire, ne sait comment justifier la préférence qu'on accorde invinciblement à quelques-unes, repose sur une erreur qu'il importe de relever.

L'histoire ne raconte guère que les causes occasionelles et les événemens qu'elles ont produits. Or, les mêmes circonstances agissent autrement sur d'autres peuples et dans d'autres temps. Pour éviter les mécomptes, il faudrait faire une large part au caractère national et à l'esprit du temps, dont les caractères individuels portent toujours l'empreinte, et qui sont les vraies causes efficientes dans le développement historique des faits. Mais alors il n'est plus permis d'arracher un événement à l'empire des antécédens qui le préparent, des circonstances qui l'accompagnent, de l'état social surtout qui l'a rendu possible, pour le considérer isolément et en tirer des conséquences qu'on applique ensuite à un état social tout différent.

Tout se tient, tout s'enchaîne dans l'histoire; et cet enchaînement de causes et d'effets ne se manifeste pas seulement dans les menus détails, d'où l'on peut déduire quelques préceptes de prudence et de politique vulgaire. Il lie entre elles les grandes masses historiques, et en fait une admirable unité, le développement progressif et providentiel de l'humanité entière. L'Orient a préparé la Grèce et Rome; et si Rome n'avait été, notre Europe moderne ne serait point ou serait autre. Pour comprendre le présent, il faut assister à travers les siècles, au long enfantement des idées et des institutions qu'il renferme.

Si nous appliquons ces considérations à l'étude du

Droit, elles n'en deviendront que plus claires et plus évidentes. L'on recommande communément l'étude du Corps de Droit, comme monument de la sagesse d'un grand peuple, comme *raison écrite*, afin d'y comparer les dispositions de nos lois, et de faire mieux ressortir, par le contraste, le caractère particulier de celles-ci. Loin de dédaigner cette étude comparée des législations, nous voudrions la rendre plus instructive en la complétant.

Nous nous enquerrions d'abord de l'État de Rome, à l'époque où les mœurs seules (*mores majorum*) tenaient encore lieu de lois. Nous demanderions par quelle nécessité les douze Tables furent écrites; comment les fictions des jurisconsultes et l'équité prétorienne mitigèrent peu à peu la rigueur surannée du Droit civil; comment, en s'étendant à un plus grand nombre de peuples, le Droit romain, pour ne pas devenir inapplicable, dut faire quelques concessions à leurs coutumes et, en affectant des formes plus générales, perdre de son originalité. Enfin, nous saurions que les rescrits des empereurs achevèrent de l'altérer en y introduisant des principes hétérogènes, empruntés, en partie, au christianisme, et aussi, vraisemblablement, à ces Germains qui servaient depuis César dans les armées de l'empire, et qui finirent par en occuper paisiblement les provinces frontières et par s'élever aux premières dignités dans la personne d'un Arbogast, d'un Stilicon, d'un Riccimer, en attendant que, par la grande invasion du cinquième siècle, ils vinssent s'établir sur ses ruines.

Nous voudrions savoir ensuite ce que nous pouvons connaitre des mœurs des Gaulois, avant l'époque de

leur soumission par César. Le Droit romain a-t-il sup-
planté leurs coutumes, ou les a-t-il respectées comme
il respectait, en général, toutes les coutumes[1] ? Y a-t-il
quelques dispositions de nos lois qui en soient dérivées?
ou bien, ont-elles péri sans laisser de traces? ou l'esprit
gaulois n'a-t-il pas plutôt donné à notre Droit français,
composé d'élémens romains et germaniques, un caractère particulier, une physionomie nationale, de même
que le génie de la langue française, qui ne contient
guère que des racines latines ou tudesques, diffère
néanmoins également du génie de la langue latine et
de celui de la langue allemande?

Nos recherches ne se borneraient point là. Prenant
Tacite pour guide, nous constaterions les mœurs
primitives des Germains. Nous lirions les lois barbares importées dans les Gaules, et les Capitulaires
des rois francs. Nous verrions s'étendre peu à peu
l'influence de l'Église et du Droit canon sur le Droit
civil, mais à la condition de s'imprégner lui-même
fortement des principes du Droit germanique. Nous
éclairerions les origines de notre Droit coutumier, ses
rapports avec le régime féodal, sa longue lutte avec le
Droit romain, son triomphe définitif, et la paix faite
par la transaction à laquelle nous devons le Code civil.
Car c'est de tous ces élémens divers, combinés entre
eux, développés par les besoins nouveaux, par le génie
moderne, principalement par les usages du commerce
et l'esprit de famille, que notre Droit actuel s'est formé;

---

1. *LL.* 32 - 40, *ff. de legib.* Voyez, en particulier, pour les coutumes locales (*civitatis vel provinciae*), la loi 34 *eod.* La coutume
pouvait même abroger une loi écrite. *L.* 32, §. 1, *eod. in fine.*

et il n'y a pas une de ses dispositions dont on ne puisse assigner l'origine et l'histoire. Vraiment, c'est mal comprendre nos lois que de les isoler et de ne vouloir les interpréter que par elles-mêmes, lorsque tout le passé est là pour leur servir de commentaire, et l'avenir de complément.

C'est le mérite incontestable de l'*École historique* d'Allemagne, d'avoir montré en quoi consistait véritablement l'utilité de l'histoire politique, comme de l'histoire du Droit[1]. Elle a fait voir à quels minces résultats on est conduit par des comparaisons entreprises sans méthode, par des rapprochemens fortuits et plus ou moins arbitraires. Elle a prouvé que l'histoire n'avait de valeur et de haute importance que lorsqu'elle révélait la génération des élémens d'une civilisation donnée, leur nature, leur progrès, leur influence réciproque, allant prendre chaque institution à son berceau et la suivant pas à pas à travers toutes les vicissitudes qui l'ont faite ce qu'elle est aujourd'hui. Ainsi elle a été amenée à reconnaître comment le Droit s'établit et se change, et à distinguer nettement le *Droit* de la *loi*[2]

---

1. Nous ne voulons méconnaître les mérites d'aucune école ; ainsi nous devons à la vérité de dire qu'on trouve le même point de vue pour apprécier l'histoire dans l'exposition de la doctrine de Saint-Simon, 1.re année, p. 113 et suiv. (de la 3.e édition). Mais l'école historique allemande a, à nos yeux, le double avantage, et de la priorité, et d'une application de ces principes au Droit. Voyez surtout la préface de M. de Savigny à son Journal de jurisprudence historique, t. I. Berlin, 1815.

2. Nous n'entendons pas dire que les définitions que nous donnons du Droit et de la loi, et notre manière de les distinguer, appartiennent à l'école historique allemande, mais seulement la distinction en elle-même.

Le Droit est une nécessité à la fois morale et physique de remplir ses devoirs, en tant que leur accomplissement est indispensable au maintien de la société.

La loi est la volonté législative du souverain (en quelque main que la puissance souveraine soit remise), constatant et déclarant cette nécessité.

Les devoirs ne sont pas invariablement les mêmes, non plus que les nécessités sociales. Nous ne pouvons faire ici un cours de morale ; nous n'entreprendrons pas une nomenclature aussi inutile qu'impossible de tous les devoirs : mais il saute aux yeux que le devoir, toujours un dans son essence, se diversifie à l'infini dans ses manifestations selon les situations différentes où il s'exerce : chaque position a les siens. Rien ne saurait altérer la loi morale qui prescrit la justice et le dévouement ; mais ce qui est juste dans un cas donné, deviendra dans d'autres circonstances une criante injustice ; et la bienveillance, le désintéressement, ne consistent pas à faire la même chose dans toutes les circonstances imaginables, mais à manifester par des actes divers, appropriés aux situations diverses, le sentiment généreux qui les inspire. Il n'est pas moins évident que les conditions du maintien de l'ordre social ne sauraient être en tous temps et en tous lieux les mêmes, puisqu'elles dépendent, bien plus que les devoirs, des circonstances extérieures. Et le Droit, qui n'est que le produit de ces deux facteurs, devoir et nécessité sociale, ne suivrait pas inévitablement les mêmes lois ? Aussi bien voyez ce que l'expérience nous en apprend ; et si les relations privées des hommes et le Droit civil qui les régit, ne diffèrent pas selon les temps et les lieux, la situation géographique, le climat,

le sol ; le genre de vie d'un peuple, errant ou séden-
taire ; ses occupations ordinaires, la guerre ou le pillage,
l'agriculture ou l'industrie et le commerce, ou les
sciences et les arts ; ses mœurs, enfin, son degré de
culture et ses institutions politiques.

Rien dans la nature ni dans l'histoire ne change par
des transitions brusques et mal ménagées : une succession
insensible de degrés intermédiaires lie toujours l'état
antérieur à l'état qui le suit. Si donc l'état social d'un
peuple, et les conditions de son existence, et les devoirs
qu'il impose, et le Droit qui est le produit de tout cela,
se transforment avec les années et les siècles qui s'écou-
lent, ce ne saurait être que peu à peu, par des modifications continuelles et souvent imperceptibles, ou du
moins inaperçues. Chaque jour, chaque époque a son
idée nouvelle, son œuvre à accomplir dans le monde ;
car, sans cela, il y aurait immobilité et point d'histoire.
Mais cet élément nouveau, qui appartient en propre à
chaque époque, qui est sa conquête, qui constitue son
progrès, est infiniment peu de chose comparé à toute
la masse d'habitudes et d'idées que le passé a léguées
au présent. L'esprit le plus novateur tenterait vainement
de s'affranchir de cet empire du passé qui se continue :
les idées nouvelles qu'il proclame, les besoins nouveaux
qu'il constate, les innovations les plus hardies qu'il tente
de réaliser, ne sont encore qu'un résultat de l'état antérieur, qui, les ayant fait naître, s'est trouvé incapable
de les satisfaire, et a provoqué le travail de l'esprit
humain, pour améliorer une situation qu'il ne s'est
point faite, mais qu'il subit, et qu'il modifie, ne pouvant
la refaire.

Ce qui est aujourd'hui était hier : il n'y a de plus

qu'un changement à peine saisissable. Pour rencontrer les grands contrastes et les grands résultats, il faut prendre des époques fort éloignées l'une de l'autre. Mais voulez-vous savoir au juste ce qu'elles sont, ce qu'elles valent? il faut suivre le lent développement qui conduit de l'une à l'autre. En un mot, le Droit civil comme le Droit politique, comme les mœurs, comme les sciences et les arts, comme tout ce qui tient à l'histoire de l'humanité, comprend deux élémens inséparables, l'un historique, traditionnel, conservateur; l'autre novateur, rationnel, philosophique. Reconnaître la fonction également légitime de chacun d'eux et l'unité qui en résulte, telle est la condition de la sagesse dans la conduite de la vie et le maniement des affaires, comme le principe de toute science véritable. Par là seulement la science du Droit, en particulier, peut être arrachée de l'ornière de la routine et des disputes subtiles et superficielles.

Le législateur ne saurait se soustraire à l'élément historique, aux usages, aux coutumes, aux lois antérieures, aux règles générales, aux maximes reçues, parce que tout cela répond à des besoins et à des habitudes qu'il est hors de son pouvoir de changer. Aussi, à peu d'exceptions près, tout cela passe-t-il dans ses lois nouvelles, souvent malgré lui ou même à son insu.

Quelles si grandes innovations le Code civil, par exemple, a-t-il introduites dans notre législation? Nous sommes loin de méconnaître les avantages que nous lui devons; nous mettons même au nombre des plus grands mérites de ses rédacteurs d'avoir accepté volontairement et en connaissance de cause les principes traditionnels dont le mépris eût certainement fait avorter leur œuvre : mais, enfin, quels changemens ont-ils apportés à la législation ancienne? Ils ont effacé à jamais de nos lois les quelques restes de féodalité que la monarchie absolue n'avait pu extirper encore, que l'opinion réprouvait depuis long-temps, que la révolution venait de détruire; pour tout le reste, ils se sont bornés, on peut le dire, à de simples changemens de rédaction, respectant les usages établis et les habitudes locales, malgré leur désir d'uniformité, et revenant quelquefois sur les innovations brusques, arbitraires, tyranniques, que la législation intermédiaire avait tentées sans succès.

Quelques violens efforts que les révolutions fassent pour l'interrompre, quelques ridicules prétentions que les restaurations affichent de la renouer, la chaîne des temps se déroule avec une inaltérable constance; et le passé le plus reculé, comme le plus prochain, rentre toujours dans ses droits.

Mais ce n'est pas tout. Non-seulement le législateur est obligé de respecter et d'admettre dans ses Codes les coutumes qui leur sont préexistantes, force lui est de laisser la coutume régner concurremment avec la loi et suppléer à son silence.

Dans l'enfance des sociétés, la coutume règle seule et sans rivale les transactions encore simples et faciles des hommes. A mesure que l'État s'organise, qu'un pouvoir public s'établit, que les relations deviennent plus multiples et plus compliquées, le Droit écrit, la loi vient s'associer à la coutume, la complète, la resserre dans un plus étroit domaine, mais ne la supplante jamais. Et comment cela serait-il possible? Nous défions le casuiste le plus subtil de faire une énumération complète de tous les devoirs que la société impose à l'homme; nous défions le politique le plus prévoyant de pourvoir à l'avance à toutes les nécessités sociales. Lorsque devoir et nécessité sociale se rencontrent, déjà le Droit existe, mais la loi reste à faire. Sans doute, d'après l'organisation actuelle de nos sociétés, quelque criminelle que soit une action, si la loi ne l'a point prévue, le coupable doit être absous. C'est une nécessité de notre Droit pénal; mais il n'en est pas de même des questions de Droit civil. Là, il faut toujours que l'une des parties ait raison, que l'autre ait tort; que l'une gagne et que l'autre perde le procès : on ne peut jamais se passer d'une solution quelconque; et où la prendre, si la loi ne s'en est pas expliquée? D'ailleurs, dans les obligations nombreuses qui naissent des conventions librement contractées, le seul devoir des parties dont l'accomplissement importe au maintien de l'ordre social, c'est que, à la demande de l'une d'elles, la convention soit exécutée conformément à leur volonté commune. Quel interprète plus sûr, plus infaillible de cette volonté peut-il y avoir que l'usage et le sens qu'il fait attacher à l'acte conclu entre les parties, aux termes qu'elles ont employés. Le Code civil reconnaît partout cette vertu supplétoire de l'usage, vrai Droit non écrit, sans lequel toute législation écrite serait incomplète et perfide. On a même avoué, sans oser toutefois en faire un article exprès, que la coutume pouvait quelquefois abroger la loi et protester par la désuétude contre les erreurs du législateur. [1]

---

1. PORTALIS, Discours préliminaire. Voyez Locré, Législat. civile, t. I, p. 269, 270.

Lors des discussions qui préparèrent ou accompagnèrent la rédaction du Code civil, il se trouva des hommes à l'esprit étroit, aux espérances exagérées, qui demandaient une loi civile absolument neuve, dont les principes fussent improvisés comme d'un seul jet. On la voulait, d'ailleurs, si complète que tous les cas y fussent décidés, sans rien laisser à la discrétion du juge, et néanmoins si simple et si claire que tout homme du peuple, pourvu qu'il sût lire, y pût puiser la solution de toutes les questions qui se présenteraient.

Les rédacteurs du Code n'eurent garde de partager cette folle prétention, née de l'ignorance de la vraie nature des transactions juridiques et des conditions inévitables de toute loi. PORTALIS surtout, cet esprit à vues justes et larges, malgré les préjugés qui dominaient son époque et perpétuaient ce qu'il y avait eu de plus faible et de plus mesquin dans les tendances du 18.ᵉ siècle ; PORTALIS, qu'un heureux pressentiment rapprochait à tant d'égards des principes de l'école historique, a victorieusement réfuté les fausses théories de ses adversaires. Il savait que les Codes des peuples se font avec le temps, mais qu'à proprement parler on ne les fait pas [1]. Il savait que le cours de la justice serait interrompu, s'il n'était permis aux juges de prononcer que lorsque la loi a parlé [2]. Il savait que le Code même le plus simple ne l'est jamais assez pour être à la portée de toutes les classes de la société, et que, dans la com-

---

1. Discours préliminaire. Voyez LOCRÉ, Législation civile, etc., t. I, p. 265.

2. Conseil d'État, séance du 14 Thermidor an IX ; LOCRÉ, Législation civile, etc., t. I, p. 403.

plication où nous voyons les rapports des hommes entre eux et leurs intérêts divers (résultat naturel et nécessaire des progrès de la civilisation), il est trop heureux que la jurisprudence forme une science qui puisse fixer le talent, flatter l'amour-propre et réveiller l'émulation. [1]

Le Code a été rédigé dans cet esprit. Il n'a point follement répudié des principes transmis par l'histoire, éprouvés par l'expérience et produits par le libre développement des mœurs nationales. Il n'a point aspiré à cette simplicité trompeuse qui ne décide rien à force de se restreindre aux règles les plus générales et les plus élémentaires. Il a su renoncer de même à cette exactitude minutieuse et pédantesque, qui voudrait, pour ne rien abandonner au hasard, tout régler d'avance en termes exprès, et ne voit pas que la vie sociale et ses relations innombrables se jouent, par leur variété, leur multiplicité même, de la vaine prévoyance des hommes. Le Code civil est incomplet, sans doute, et bien au-delà de ce qu'avait imaginé toute la sincérité de ses rédacteurs. Il renvoie souvent à des lois particulières[2]; il s'en rapporte fréquemment à l'usage[3] ou à l'équité naturelle[4]; bien des questions sont traitées d'une manière incomplète[5]; d'autres sont indiquées seulement par un mot et

1. Discours préliminaire. Voyez Locré, Législation civile, etc., t. I, p. 260.

2. Par exemple, Code civil, art. 537, 714, 715, 717.

3. Code civil, art. 590, 591, 593, 608, 663, 671, 674, 1135, 1159, 1160, 1648, 1736, 1748, 1753, 1754, 1757 - 1759, 1762, 1777.

4. *Ibid.*, art. 565, 1135.

5. Par exemple, le droit de réversion, les droits des enfants naturels, etc.

laissées sans solution [1]; d'autres enfin sont absolument
omises [2]. Mais il nous reste la science pour expliquer
toutes les obscurités, pour suppléer à toutes les lacunes.

« C'est par les principes généraux, dit PORTALIS, par
« la doctrine, par la science du Droit, qu'on a toujours
« prononcé sur la plupart des contestations. Le Code
« civil ne dispense pas de ces connaissances; au con-
« traire, il les suppose. [3] »

Quels sont ces principes? en quoi consiste cette
doctrine, cette science du Droit? La question ne saurait
être douteuse, si notre point de vue a quelque vérité,
si nos argumens ont eu quelque force. Étudiez le texte
de la loi et les discussions dont elle a été l'objet; appli-
quez-y les règles de l'interprétation grammaticale et
logique : ce sont les rudimens de la science, mais ce
n'est pas assez. L'histoire seule peut devenir la base d'une
exégèse plus large, plus sûre, plus scientifique. Pour qui
sait les lire, les textes comme les discussions ramènent
constamment à l'histoire.

Il ne nous reste plus qu'à montrer l'utilité, la né-

---

1. Voyez ce que nous dirons plus bas sur la réintégrande.

2. Plusieurs droits réels et contrats, et beaucoup de règles générales, qu'on jugea inutile d'exprimer, comme étant *de doctrine* ou
de Droit commun. Nous citerons en particulier l'emphytéose et les
démissions de biens. Le Code n'en dit pas un mot, mais c'est à tort
qu'on les a regardées comme abolies. (Voyez LOCRÉ, *Législation
civile,* etc., t. XI, p. 416 et 512, t. XVI, p. 291.) Il n'arrivera
guère, il est vrai, que de nouvelles emphytéoses soient établies,
mais les anciennes subsistent; et les démissions de biens n'ont jamais cessé d'être usitées, d'une manière très-licite, parmi nos
paysans d'Alsace.

3. Conseil d'État, séance du 14 Thermidor an IX. Voyez LOCRÉ,
Législation civile, etc., t. I, p. 403.

cessité de l'interprétation historique dans les divers cas que peut présenter l'étude de notre Droit civil, soit que le Code se soit occupé d'une question ou qu'il l'ait passée sous silence. Ce que nous dirons du Code civil spécialement, doit s'entendre de même des autres codes et lois, dont l'ensemble forme avec lui notre Droit écrit. Ces lois sont en grand nombre, comme on sait, soit que le Code civil en fasse mention et y renvoie [1], soit qu'il ait négligé de les rappeler sans les abroger néanmoins [2], soit enfin que, rendues postérieurement, elles dérogent à ses dispositions ou les complètent. Toutes ces lois doivent être interprétées de la même manière, c'est-à-dire, historiquement, parce que toutes dérivent d'une source commune, qui est l'histoire. Par la même raison nos observations peuvent s'appliquer aux lois qui seraient rendues un jour. Nous le remarquons à dessein, afin de protester contre cette manière de voir étroite, contre cette fâcheuse préoccupation qui réduit tout notre Droit aux deux mille et quelques articles du Code, et a fait substituer, dans l'enseignement, les mesquines proportions d'un cours de Code civil au cours complet de Droit civil français, que l'intérêt de la science réclame, aussi bien que l'intérêt de ceux qui se destinent à la pratique.

Il est des matières que le Code civil a traitées avec une certaine étendue, des points sur lesquels il est entré dans beaucoup de détails, soit qu'il ait voulu introduire des principes nouveaux ou simplement confirmer ceux

---

1. Par exemple, Code civil, art. 896.
2. Par exemple, la loi du 15 Germinal an VI, tit. 3, art. 18, 6.°

que la science, l'usage ou les lois avaient depuis long-temps consacrés.

Dans l'un comme dans l'autre cas, outre l'inspection du texte et des travaux préparatoires, l'étude historique du droit antérieur semble indispensable.

Quelque nouvelles que puissent être les dispositions du Code, elles ne sont pas nées au hasard, sans causes et sans antécédens, qu'il faut connaître, puisque en eux se trouve la raison de la loi. Par cela seul, d'ailleurs, qu'elles abrogent un Droit existant, il faut savoir ce qu'était ce Droit pour comprendre la valeur des termes, l'étendue et la portée de l'abrogation.

Si les dispositions sont empruntées au Droit ancien, qu'elles maintiennent, celui-ci en fournira évidemment la clef la plus sûre, le commentaire le plus riche et le plus instructif. On ne connaît bien un principe ou une institution que lorsqu'on en sait l'origine, le développement et les modifications successives.

Sur d'autres matières, il n'est pas rare que les dispositions du Code soient incomplètes, insuffisantes, obscures. Souvent un seul article, en répétant un principe de l'ancien Droit, fait revivre toute une série de questions avec les controverses, les distinctions, les exceptions qui s'y rattachent nécessairement, mais qu'il n'a point exprimées[1]. Qui ne connaîtrait que la disposition trop générale du Code, serait exposé à une foule de méprises, se croyant lié d'une manière absolue par un principe qui, néanmoins, ne saurait être vrai qu'avec des restrictions plus ou moins nombreuses. Toutes les

---

[1]. Par exemple, Code civil, art. 2 et 3, et maintes questions controversées sur les obligations conventionnelles.

questions secondaires restent donc en leur entier, jusqu'à ce qu'il soit prouvé que le Code les ait implicitement ou explicitement, directement ou indirectement décidées d'une manière positive. Les termes dont il fait usage doivent conserver la même signification que la pratique leur attribuait, jusqu'à ce qu'il soit prouvé qu'il a entendu leur donner un acception nouvelle. [1]

Nous arrivons à des cas où la nécessité de la méthode historique se montre, s'il se peut, avec plus d'évidence encore. Le Code se réfère assez souvent aux usages généraux ou locaux; quelquefois il renvoie à l'équité naturelle; enfin, il est des questions sur lesquelles il ne s'est du tout pas expliqué, et dans ces cas les rédacteurs renvoient encore à l'usage et à l'équité. [2]

Quant à l'usage, il ne saurait y avoir la moindre difficulté. C'est évidemment la répétition générale, continue, non contestée des mêmes actes, des mêmes décisions, qui devient, sous les noms d'usage ou de coutume, la règle des cas contentieux, lorsqu'il s'en présente. La coutume est le produit de l'histoire : c'est l'histoire elle-même résumée en maximes générales et abstraites.

Mais qu'est-ce que l'équité? PORTALIS l'a définie : un retour à la loi naturelle dans le silence, l'obscurité ou l'insuffisance des lois positives. Qu'est-ce que la loi naturelle? demanderons-nous encore.

---

1. Voyez, par exemple, sur les ayant-cause : THÉMIS, t. III, p. 49, et t. V, p. 6; TOULLIER, t. X, *in fine.*

2. PORTALIS, Discours préliminaire et second exposé des motifs du titre préliminaire. Voyez LOCRÉ, Législation civile, etc., t. I, p. 256 - 261, et p. 584, 585.

Si par loi naturelle, équité naturelle, raison naturelle, on entend ce qui semble juste à chacun par cela seul que tel est son sentiment, et sans pouvoir en déduire de motifs, ou que des motifs aussi peu concluans, aussi mal fondés que ce premier sentiment si vague et que chacun traduit à sa manière, le Droit naturel, l'équité, sont une des choses les plus pernicieuses qui se puissent imaginer. Dans le temps où les cours souveraines exerçaient encore un pouvoir discrétionnaire plus étendu, dans le temps des peines arbitraires et des arrêts de réglement, or éprouvait vivement ce qu'une telle manière de rendre la justice avait d'inique et de perfide. Aussi le proverbe en courait-il dans la bouche du peuple : *Dieu nous garde de l'équité du Parlement.* La magistrature elle-même devait sentir combien elle s'exposait par là à commettre d'injustices et à faire suspecter son impartialité. D'AGUESSEAU protesta hautement contre cet abus. « Quelle règle, s'écriait-il dans sa Mercuriale

« de 1704, quelle règle pourra suivre celui qui fait

« profession de n'en point apprendre? et faudra-t-il

« s'étonner si la légèreté préside à ses jugemens, si le

« hasard les dicte quelquefois, et presque toujours

« le tempérament ? Puissances aveugles et véritable-

« ment dignes de conduire un esprit qui a secoué

« le joug pénible, mais glorieux et nécessaire de la

« science ! »

Évidemment, il faut trouver à l'équité une règle invariable et sûre; et cette règle, nous la connaissons déjà, c'est l'histoire. Hors de l'équité *historique*, si l'on peut ainsi parler, il n'y a qu'incertitude, caprice et arbitraire.

Que la loi ait omis de s'expliquer sur un genre de

relation depuis long-temps pratiqué entre les citoyens : ce qui sera juste, ce qui sera équitable, c'est ce qui, dans ces cas, se pratique communément. Il existe une coutume, née du besoin, fondée sur la nature même des rapports qu'il s'agit de régler, adoptée par l'opinion, qui se confie en elle; il faut donc la respecter.

Une sorte nouvelle de convention s'est-elle, au contraire, formée depuis la confection de la loi? Étudiez son origine, le besoin auquel elle devait répondre, le but que se proposait l'intention commune des parties, les circonstances qui peuvent exiger ou défendre l'application des principes généraux sur les contrats. Ces causes, étant les mêmes, imprimeront à toutes les conventions de cette espèce un caractère commun, et bientôt il se formera un usage, une coutume, expression de la véritable équité.

Peut-être objectera-t-on à la méthode historique que nous défendons l'article 7 de la loi du 30 Ventôse an XII, par lequel les lois romaines, les ordonnances, les coutumes générales et locales, les statuts et réglemens, c'est-à-dire, la majeure partie de ce qui composait l'ancien Droit, sont abrogés par suite de la promulgation du Code civil; mais il suffit de lire l'article pour réfuter l'objection qu'on en voudrait tirer. Il porte, en effet, que les lois, coutumes, etc., cesseront d'avoir force de loi générale ou particulière *dans les matières qui font l'objet du Code;* ce qui ne saurait s'appliquer aux questions que le Code n'a point touchées. Les discussions qui eurent lieu sur cet article au Conseil d'État [1], prouvent clairement que les anciennes lois doivent,

---

1. Voyez Locré, Législat. civile, etc., t. I. p. 102, 103, 106-109

comme précédemment, être prises pour règle par les tribunaux dans les matières que le Code a passées sous silence, avec cette restriction, toutefois, que l'infraction qui y serait faite ne puisse donner ouverture à cassation. Que si, pour les questions dont le Code s'est occupé, l'ancien Droit est aboli, il s'ensuit seulement qu'il ne peut plus être allégué avec l'autorité de la loi ; mais rien n'empêche ni ne saurait empêcher qu'on n'y puise les principes d'interprétation les plus certains et les seuls complets, les seuls véritablement scientifiques.

Ainsi, de quelque côté que nous abordions notre sujet, qu'il s'agisse d'expliquer une loi obscure ou de suppléer à une loi insuffisante, nous sommes toujours ramenés à l'axiome du jurisconsulte romain : *Optima enim est legum interpres consuetudo* [1]. La coutume, c'est l'histoire.

Nous n'ajouterons plus qu'une dernière et courte observation.

La loi ne dispose que pour l'avenir. Il était donc inévitable, si elle ne devait point avoir d'effet rétroactif, que toutes les contestations qui remontent, par leur origine, à des temps plus ou moins anciens, mais antérieurs à la publication du Code, continuassent d'être décidées par les règles de l'ancien Droit. N'est-ce pas un motif de plus de s'appliquer à l'étude de l'histoire du Droit ? motif secondaire et transitoire, sans doute, mais qu'il n'est pas permis de négliger ; car les contestations de ce genre, plus nombreuses qu'on ne croirait

---

1. Callistratus, *L.* 38, ff. *de legibus.*

au premier abord, ne sont pas près d'être si tôt épuisées.[1]
Il serait peu honorable pour la jurisprudence française qu'on fût long-temps encore obligé d'aller quêter
en Allemagne, qui semble avoir seule conservé les tra-
ditions de l'ancien Droit, des consultations sur des
questions dont la solution se trouve dans l'histoire de
notre droit national.

----

[1] « Le caractère et les mœurs des habitans, la nature de leurs
« travaux industriels ou agricoles, la division ou l'agglomération des
« fortunes, L'UNIFORMITÉ OU LA DIVERSITÉ DES ANCIENNES COUTUMES,
« LEURS RAPPORTS OU LEURS DIFFÉRENCES AVEC LES LOIS NOUVELLES;
« telles sont les véritables sources où viennent, avec plus ou moins
« d'abondance, s'alimenter les procès. » DUMON, Rapport sur le
budget de la justice, fait à la Chambre des députés, le 18 Janvier
1833.

DEUXIÈME PARTIE

Du Droit coutumier.

Malgré l'importance du point de vue historique, ce n'est point par là, comme chacun sait, que brille chez nous l'enseignement du Droit. Outre les Codes, on n'étudie guère que le Droit romain, et encore sans base fixe et certaine, puisque ce n'est ni le Droit romain, tel qu'il était en vigueur sous la république, ni tel qu'il florissait au temps des grands jurisconsultes des deuxième et troisième siècles, ni tel que les rescrits des empereurs ou les Novelles de Justinien l'ont fait, ni tel, enfin, qu'il était admis jusqu'à la révolution dans une partie de la France, mais un amalgame confus et un extrait de tout cela. A Paris, où il y a une chaire d'histoire du Droit, c'est l'histoire du Droit romain qu'on enseigne [1]. Pas un mot des autres sources de notre Droit, ni de l'histoire du Droit public et privé de la France, ni du Droit coutumier, qu'il nous importerait surtout de bien connaître, puisque non-seulement il dominait dans tout le nord et le centre de la France, mais avait même grandement modifié le Droit romain dans les pays de Droit écrit.

---

[1]. Si nous ne parlons pas du cours de M. Lerminier, c'est qu'il donne des aperçus d'histoire politique, de Droit public et de philosophie du Droit, et non une histoire de la législation *civile* : il est donc étranger à notre objet.

Dès les temps qui précédèrent notre législation nouvelle, on pouvait remarquer, non sans étonnement,
un grand abandon et je ne sais quel dédain du Droit
coutumier. Tout dans les coutumes paraissait local, particulier, fortuit, arbitraire, et le produit des désordres
et des violences qui signalèrent l'établissement et l'empire de la féodalité en Europe. Malgré les belles et in-
téressantes recherches des COQUILLE, des LOISEL, des
D'ARGENTRÉ, des LA THAUMASSIÈRE, des EUSÈBE DE
LAURIÈRE, le Droit romain était l'objet d'une préférence
marquée et presque générale de la part des savans et
même des praticiens. Tout s'y ramenait plus aisément à
l'unité. On admirait la logique de ses décisions, la sagacité de ses développemens, la forme plus scientifique
qui se manifestait dans les détails comme dans l'ensemble,
et dans les textes comme dans les travaux des premiers
commentateurs. On vénérait le Droit romain comme
la *raison écrite* et presque comme le Droit naturel.

Si telles étaient les dispositions de la majorité des
auteurs, des juges, des avocats, à l'égard du Droit coutumier, à une époque où il avait l'autorité de la loi,
sommes-nous bien-venu d'en recommander l'étude,
aujourd'hui qu'il a perdu sa force obligatoire? Ce qui
nous encourage à le venger d'un injuste oubli, c'est
que le peuple, dominé par les besoins nouveaux, les
mœurs et les idées modernes, a toujours protesté contre
l'invasion du Droit romain, et que dans la plupart des
circonstances décisives, ce sont les coutumes qui l'ont
emporté, malgré les préventions qui leur étaient contraires : témoin le Code civil modelé en grande partie
sur le Droit coutumier, ainsi que nous le démontre-
rons plus bas.

Fleury, dans sa petite Histoire du Droit, après avoir déclaré ingénûment qu'il en était réduit aux conjectures et ne pouvait que deviner, devine hardiment que nos coutumes sont nées au milieu des violences et des usurpations des dixième et onzième siècles, et que leur diversité s'explique par les caprices et les intérêts divers des seigneurs qui les imposèrent à leurs sujets. Nulle part, que nous sachions, cette opinion bizarre n'a été développée avec l'étendue ni appuyée des preuves que semblait réclamer une question de cette importance. Néanmoins cette opinion, qui flattait le préjugé commun, se répandit promptement, et elle était devenue à peu près générale à l'époque de la rédaction du Code, à ce point que ses auteurs se crurent souvent obligés de s'excuser des emprunts qu'ils faisaient au Droit coutumier et de prévenir, par une réfutation anticipée, l'accusation de tendre au rétablissement de l'ancien régime et de la féodalité. Depuis, bien que les sciences historiques en général aient fait d'importans progrès, les questions d'histoire du Droit en sont restées au même point parmi les jurisconsultes.

Cette opinion sur l'origine du Droit coutumier prouve seulement qu'on n'avait pas la moindre idée de la manière dont le Droit s'établit par les mœurs aux époques d'enfance et d'adolescence des peuples. On était préoccupé de la puissance législative exercée par les rois; on savait que la royauté avait peu à peu conquis ou repris ses droits sur les barons, vassaux de la couronne; on trouvait donc naturel de supposer que ceux-ci avaient été autrefois investis d'un pouvoir semblable de faire des lois civiles, et qu'ils avaient eu à cœur de l'exercer : comme si le seigneur avait pu avoir d'autre intérêt que de déterminer ses droits à lui, les redevances et les corvées qui lui étaient dues, fort indifférent d'ailleurs aux usages que ses sujets suivaient entre eux, lorsqu'ils ne lui étaient point préjudiciables. Si l'on avait su lire Tacite, on eût été dispensé de chercher dans les injustices et la tyrannie des seigneurs et dans la barbarie du moyen âge l'origine de coutumes, dont le germe existait, à ne pas s'y méprendre, au moins huit siècles auparavant.

Il faut nous borner à quelques exemples, mais qui nous semblent décisifs.

Dotem non uxor marito, sed uxori maritus offert, dit Tacite[1]. N'est-ce point là le douaire? Et il continue: *Intersunt parentes et propinqui, ac munera probant: munera non ad delicias muliebres quaesita, nec quibus nova nupta comatur; sed boves...... Ipsis incipientis matrimonii auspiciis admonetur, venire se* LABORUM *periculorumque* SOCIAM..... Ne voyez-vous point l'esprit de famille, et toute cette manière de considérer le mariage d'où est sortie la communauté entre mari et femme?

Heredes successoresque sui cuique liberi : et nullum testamentum. Si liberi non sunt, proximus gradus in possessione fratres, patrui, avunculi[2]. Traduisons ce passage par des maximes coutumières : Institution d'héritier n'a point de lieu (*nullum testamentum*). Les propres ne remontent point (aussi Tacite ne parle-t-il point des ascendans). A défaut d'enfans et autres descendans, les collatéraux succèdent par proximité de tronc et de

---

1. *De morib. Germ.*, cap. 18.
2. TACITE, *Germ.*, c. 20.

lignage, et non de degré simplement, ainsi d'abord les frères et leur postérité; puis les oncles et leur postérité, et les oncles, tant paternels que maternels (*avunculi*), ce que Tacite remarque par opposition aux lois romaines; et ainsi de suite. On pourrait même, à la rigueur, du mot *possessione*, employé préférablement à *hereditate*, déduire l'axiome : le mort saisit le vif.

Servis, non in nostrum morem descriptis per familiam ministeriis utuntur. Suam quisque sedem, suos penates regit. FRUMENTI MODUM *dominus,* AUT PECORIS, AUT *vestis,* UT COLONO *injungit : et servus* HACTENUS *paret*[1]. Vous voyez les serfs et mainmortables de nos vieilles coutumes, dont la condition, bien plus douce et moins dépendante que celle des esclaves domestiques des Romains, tendit sans cesse à se rapprocher de la franchise, à mesure que les progrès de la civilisation étendaient et affermissaient la liberté civile, mais qui existaient dans l'antique Germanie bien avant que les Francs vinssent s'établir dans les Gaules et y introduire leurs usages. A plus forte raison ne peut-on chercher l'origine du servage dans les violences de la féodalité. Elles ont pu augmenter le nombre des serfs, rendre quelquefois leur assujettissement plus oppressif; mais non créer la servitude, qui existait antérieurement avec tous ses caractères essentiels et distinctifs.

Suscipere tam inimicitias seu patris seu propinqui, quam amicitias necesse est : nec implacabiles durant[2].... Qu'on lise, par exemple, ce que BEAUMANOIR écrivait l'an 1283 de l'Incarnation Nostre Seigneur, au chapitre

---

1. TACITE, *Germ.,* c. 25.
2. *Ibidem,* c. 21.

59 de ses Coutumes de Beauvoisis, qui *parole de guerres, comment guerre se fet par coustumes, et comment elle fent, et comment len se puet aidier de droit de guerre*, et qu'on nous dise s'il est raisonnable, en le comparant au passage de Tacite que nous venons de citer, de chercher l'origine de cette coutume dans la féodalité? N'est-il pas évident, au contraire, qu'elle remonte, comme toutes les autres, par son origine, aux mœurs primitives des peuples germains, dans le développement desquels la féodalité n'est qu'un accident, dont le vice tenait aux circonstances, loin d'être un vice inhérent à la source dont elle dérive.

C'est ce qu'avaient compris plusieurs de nos anciens auteurs, et des meilleurs assurément. On en trouve la preuve presque à chaque page dans LA THAUMASSIÈRE.[1] Seulement il cite pêle-mêle des passages de César et de Tacite, pour démontrer que nos coutumes sont d'origine *gauloise*. Mais s'il se trompe sur le nom à donner au peuple dont les mœurs et les institutions contenaient le germe de notre Droit coutumier, cela ne prouve rien contre l'antiquité des coutumes et leur antériorité de plusieurs siècles aux abus du régime féodal. Son erreur était l'effet de ce système qui croyait découvrir des Celtes partout, comme aujourd'hui, par réaction, les savans d'Allemagne, tombant dans l'extrême contraire, ne voient partout que des Germains, et citent, sans hésiter, certains passages de César, et les lois et usages de l'Écosse, de l'Irlande, du pays de Galles et de la Basse-Bretagne, comme documens du Droit germanique.

---

[1] Voyez ses Commentaires sur les coutumes de Berry et de Lorris.

Ce qui est incontestable, c'est que le génie moderne né de l'alliance intime de deux principes qui semblent s'être cherchés pour se compléter l'un l'autre, les mœurs germaniques et le christianisme, s'est développé en Europe sous une variété presque infinie de formes diverses, suivant les temps et les lieux. La féodalité en fut une, fort générale, il est vrai, mais accidentelle et temporaire. De ce qu'elle a dû périr, s'ensuit-il que les institutions germaniques n'aient pu survivre en aucune manière? Et si, au contraire, elles ont continué et continuent chaque jour à se développer parmi nous en s'appropriant partout aux besoins des temps et des localités, s'ensuit-il qu'au fond de cette multiplicité il ne vit pas un principe un et identique, qui ramène toutes les modifications particulières à un grand ensemble?

Nous voyons déjà ce qu'il faut penser de l'opinion qui refuse au Droit coutumier l'unité, qu'on ne croit pouvoir trouver que dans l'uniformité.

C'était autrefois une grande question, et fort controversée entre nos anciens auteurs, comme aujourd'hui parmi les jurisconsultes d'Allemagne, de savoir s'il y a un Droit commun coutumier, des maximes coutumières communes. La plupart, faute de savoir en quoi consistait l'unité, ont été amenés à la nier.

Le Droit romain est à la fois un et uniforme. Il pose ses principes, déduit ses conséquences avec une indépendance parfaite. Il respecte les coutumes locales dans la pratique, quand elles sont prouvées, mais les regarde comme un élément hétérogène dont le détail et la nature lui sont étrangers et indifférens. Il les reconnaît en dehors de lui; il ne se les assimile point.

Or, que serait-il arrivé, si l'individualité romaine, moins forte, moins dominatrice, n'avait englouti et transformé les autres cités rivales de l'Italie? Le Droit romain serait resté un recueil de coutumes et de statuts locaux, borné à un petit territoire, et mille autres recueils semblables auraient existé à côté et indépendamment de lui. Toutes ces lois et coutumes des cités italiennes auraient présenté assurément entre elles de grandes analogies, sans qu'il y eût eu pour cela uniformité.

C'est là précisément ce qui est advenu dans notre France. Chaque coutume était une et uniforme en elle-même; elle dominait exclusivement dans le ressort où elle était reçue : des modifications n'y étaient admises qu'à la charge de prouver une dérogation des coutumes locales. Mais les diverses coutumes générales, dont le nombre était fort considérable, empêchaient qu'il n'y eût un Droit uniforme, et commun en ce sens, de la France entière. On était néanmoins frappé au premier abord d'un air de famille par lequel elles se ressemblaient toutes, d'une analogie si évidente au milieu des différences, qu'on ne peut l'expliquer que par une origine commune et un principe commun, qui produisait dans des situations différentes des conséquences variées. Comment, sans cela, en serait-on venu à l'opinion fort ancienne, souvent combattue, mais presque toujours suivie, d'expliquer les coutumes *muettes*, c'est-à-dire, celles qui ne contenaient pas de disposition sur un point en question, par l'autorité des coutumes voisines?

Quelques divergences que présentassent entre elles certaines coutumes, d'autres se faisaient remarquer par une étonnante conformité ; à telles enseignes que les coutumes du Maine et de l'Anjou semblent, pour ainsi dire, la copie l'une de l'autre. Sur chaque question particulière, les divergences des coutumes se réduisaient d'ailleurs à un petit nombre de systèmes, et ce qui avait contribué à les multiplier sur quelques questions, c'était bien moins la diversité du développement indépendant des coutumes que leur altération par les praticiens qui les rédigèrent et qui, préoccupés du Droit romain qu'ils avaient étudié scientifiquement, s'efforcèrent de le faire prévaloir autant que l'opposition plus ou moins énergique des États des diverses provinces le leur permit.

Toutes les différences nées naturellement du développement divers des mœurs germaniques . franques parmi les populations gallo-romaines, toutes celles que produisit l'interpolation inégale et souvent subreptice du Droit romain, ne purent jamais effacer de la conscience de nos anciens jurisconsultes le sentiment plus ou moins clair, plus ou moins vif de l'unité intrinsèque de notre Droit français. Il était, sans doute, peu logique de construire, comme quelques-uns l'ont fait, au moyen des règles admises par la pluralité des coutumes, une sorte de Droit commun, qu'on prétendait obligatoire partout où il n'y était pas expressément dérogé. Mais il y avait cependant quelques principes vraiment généraux, comme, pour nous borner à ces deux exemples, la saisine des héritiers et la restriction apportée à la puissance paternelle et maritale par les usages du commerce[1]. Puis, entre les coutumes en apparence les

---

1. Loisel, Institutes coutumières, L. I, tit. 1, règle 39.

plus contraires on apercevait toujours cette analogie profonde qui donnait à notre Droit son unité, de même que l'identité des caractères individuels et nationaux porte l'unité au milieu des phases diverses de la biographie d'un homme ou d'un peuple.

C'est sur cette unité, cette identité du Droit coutumier, que se fondait l'espérance que la France *se pourrait enfin réduire à la conformité, raison et équité d'une seule loi, coutume, poids et mesure*, comme dit Loisel[1]. C'est cette unité qui a rendu possible la réalisation de cette espérance par le Code civil, qui est devenu le Droit commun de la France.

Ce qui avait manqué au Droit français, ce n'était pas l'unité d'origine ni la similitude incontestable des principes, mais, d'une part, l'étude scientifique, historique, qui en eût fourni la démonstration, de l'autre, le secours de la loi, à qui il appartenait d'en sanctionner les conséquences. Aujourd'hui que la législation a réparé à demi cette injustice, la science ne devrait-elle pas se hâter d'en effacer la dernière trace avec le secours de l'histoire?

Qu'est-ce, en effet, qui a fait le prodigieux succès du Droit romain chez les peuples modernes? C'est qu'à une époque où leurs propres coutumes n'étaient pas encore rédigées, ni, par conséquent, connues et cultivées dans leur ensemble, le Droit romain leur apparut avec le double avantage d'une loi écrite et d'un vaste recueil de doctrine. Ce qui fera toujours du Corps de Droit un digne objet d'étude et d'admiration, c'est la richesse des décisions de tout genre, fondées sur l'appli-

---

1. Institutes coutumières, avant-propos.

cation constante de principes donnés, avec cette sagacité qui distingue subtilement les cas et les espèces, avec cette logique qui jamais ne s'égare. Mais prenez les principes en eux-mêmes, et je vous le demande, sont-ils dignes d'être célébrés comme la raison écrite? peuvent-ils convenir à nos sociétés modernes?

La législation romaine ne démentit jamais son origine farouche. L'égoïsme y était la base de tous les droits.

Voyez la propriété : elle est rigoureuse, exclusive, ne connaît point d'accommodement. Pour elle le bon voisinage n'est rien : point de mitoyenneté; les maisons restent isolées (*insulae*) pour éviter tout contact qui ne pourrait être qu'hostile. Le citoyen, maître chez lui, n'empiétera point sur son voisin, mais il ne lui rendra point non plus de service, s'il ne lui plaît. L'accroissement du commerce n'a pas encore rendu nécessaire la circulation rapide et sûre des objets mobiliers : le propriétaire les revendique par une action réelle aussi invincible que s'il s'agissait d'un immeuble, et la bonne foi de l'acquéreur n'y peut rien. On ne connaissait point encore la maxime coutumière qui est la base des transactions commerciales et civiles de l'Europe moderne : en fait de meubles, la possession vaut titre.

Voyez la famille. Le chef de maison, le *paterfamilias*, est un petit despote domestique. Il conserva long-temps droit de vie et de mort sur sa femme et sur ses enfans. Point d'égalité dans les rapports des deux sexes, pas le plus léger pressentiment d'un régime de communauté. La puissance paternelle ne cesse point avec le besoin des enfans et ne se borne point à une surveillance, à une direction nécessaire : c'est un droit du père dans l'intérêt du père. Tout ce que le fils acquiert par son industrie, le père en profite : le fils de famille n'a point de biens (*pecunia*), il n'a tout au plus qu'un pécule (*peculium*). Si le père, enfin, se décide à lui accorder un peu d'indépendance, son émancipation n'est pas un bienfait, c'est une exhérédation tacite. Pour les successions, c'est la faculté illimitée de disposer, c'est le testament qui est la règle, la succession *ab intestat* et la légitime ne sont que l'exception. La volonté du père de famille peut tout, car il ne saurait avoir d'obligations envers sa famille, il n'a sur elle que des droits.

En vain objecterait-on que ces rigueurs ont été successivement abolies ou diminuées. Mais elles subsistèrent toutes ou presque toutes, non-seulement pendant la république, mais même dans les temps les plus brillans de la jurisprudence romaine, au temps des Ulpien et des Papinien. Sans doute, les progrès de la civilisation, de l'humanité, de la philosophie, du christianisme surtout, adoucirent beaucoup la rudesse et l'égoïsme des lois romaines. Mais ces influences nouvelles, qui démolissaient pièce à pièce les institutions et les lois comme les croyances de l'antiquité, ne devinrent point encore la base d'un développement nouveau. Ces améliorations n'étaient à beaucoup d'égards qu'une dégénération, une décadence. Il fallut que le christianisme rencontrât ces populations fraîches et vigoureuses que les Romains méprisaient sous le nom de barbares, mais dont le génie prophétique de Tacite a célébré magnifiquement l'avénement dans l'histoire, pour que les germes de progrès qu'il portait en lui devinssent féconds dans l'ordre des institutions sociales.

Il est tellement vrai que le Droit romain, dans son

ensemble comme dans celles de ses dispositions qui constituent précisément son caractère particulier, est incompatible avec les mœurs et les besoins des sociétés modernes, que partout où il a été admis, dans les pays de Droit écrit du midi de la France, comme en Allemagne, où il forme encore le Droit commun, il a dû subir de graves modifications. Une foule de coutumes nouvelles s'y sont associées; une partie de ses dispositions ont été torturées, dénaturées, détournées de leur sens primitif et employées à des fins auxquelles jamais Romain n'eût pu songer; une autre partie, fort considérable, a été unanimement regardée comme abrogée par la désuétude. Enfin, les usages du commerce, nés d'un développement des relations commerciales dont les anciens n'avaient point l'idée, se sont partout introduits en concurrence avec les lois civiles quelles qu'elles fussent.

Après cela est-il étonnant, qu'en définitive le Droit romain, qui avait dû quelque temps sa prépondérance dans la pratique à l'absence d'une législation et d'une science assez complètes, basées sur les principes germaniques et français, soit abandonné peu à peu, et que le Droit coutumier prévale partout dans les législations nouvelles, dans les Codes de la Prusse et de l'Autriche, comme dans notre Code civil? Aussi, malgré ses imperfections de détail, on peut dire que le Code est rentré, en fait de législation civile, dans les seules voies qui puissent convenir désormais aux sociétés modernes, et répondre au génie français.

Qu'il nous soit permis de montrer l'origine coutumière des dispositions les plus importantes du Code : nous disons les plus importantes, car il serait impos-

sible d'indiquer toutes les traces de Droit coutumier
qu'il renferme sans faire un cours complet de Droit;
et, dans cet Essai, il faut nous borner à quelques
exemples principaux, qui suffiront, sans doute, pour
notre objet. Si l'on se rappelle l'insuffisance des dispositions du Code et ce que nous avons dit, dans
notre première partie, sur la nécessité de l'interprétation historique, on ne sera pas en peine d'en conclure
quelle carrière semble s'ouvrir pour la science du Droit,
et quelle direction elle devrait prendre dans l'étude
comme dans l'enseignement.

I.

Possession.

« Possession vaut moult en France, encore qu'il y
« ait du Droit de propriété entremêlé. [1] »

Elle vaut beaucoup aussi selon le Droit romain,
moins toutefois, et à d'autres conditions. Pour ne pas
entrer dans la grande controverse qui a de tout temps
divisé les jurisconsultes sur la possession romaine, et
que ce n'est pas le lieu de discuter, nous ne suppose-
rons connus que les principes les plus élémentaires
qui se rapportent à cette matière.

Le Droit coutumier distinguait deux sortes de possession :

1.° Le simple fait de la possession, qui comprend
la possession tant naturelle que civile et la nue déten-
tion du Droit romain;

---

1. LOISEL, Institutes coutumières, livre V, tit. §, règle 1.°

2.° La saisine ou la possession légale, acquise, soit par la simple possession continuée par an et jour, soit par la succession de plein droit de l'héritier dans les biens du défunt.

Lorsque la simple possession était perdue par force ou violence, celui qui l'avait soufferte devait être immédiatement rétabli dans la possession de fait, suivant la maxime : *spoliatus ante omnia restituendus*. Son action en restitution s'appelait *remedium spolii* ou *réintégrande*.

Lorsque, au contraire, celui qui avait la saisine, la possession légale d'an et jour ou par succession, venait à perdre la possession de fait, il n'était pas censé avoir perdu pour cela la saisine, mais seulement y avoir été troublé ; car la saisine ne se pouvait perdre que parce qu'elle était acquise à un autre, et elle ne l'était point si l'action était intentée contre l'usurpateur dans l'an et jour du trouble. Cette action s'appelait complainte en cas de saisine et de nouvelleté.

Le Code, comme on sait, a conservé la saisine des héritiers[1] ; il admet de même la possession annale.[2] La complainte n'a donc point cessé d'être en usage en France ; mais en est-il de même de la réintégrande ? L'article 25 du Code de procédure, qui n'autorise les actions possessoires que lorsqu'elles sont formées dans l'année du trouble, par ceux *qui étaient en possession depuis au moins une année*, c'est-à-dire en cas de saisine, semble exclure la réintégrande. D'un autre côté, l'article 2060, 2.°, du Code civil porte que la contrainte

---

1. Code civil, art. 724.
2. Ibidem, art. 2243 ; Code de procéd., art. 23.

par corps a lieu en cas de réintégrande. Il admet donc la réintégrande? Mais, lorsqu'il ajoute qu'elle a lieu pour le délaissement, ordonné par justice, d'un fonds dont le *propriétaire* a été dépouillé par voies de fait, entend-il refuser la réintégrande au *possesseur* et ne l'accorder qu'à celui *qui meliorem causam habet possidendi*, c'est-à-dire, changer entièrement la nature de l'ancienne réintégrande, accordée à tout possesseur de fait, afin de protéger l'ordre social contre les violences?

Sans décider la question, il nous suffit d'observer qu'elle ne peut l'être que par une étude approfondie de l'ancien Droit. Il n'y a pas de matières, peut-être, où le Code contienne si peu de dispositions détaillées et précises, et où l'on soit ainsi réduit à déduire souvent d'un seul mot toute une série de conséquences sur lesquelles il ne s'explique point, et sur lesquelles on ne peut jeter quelque lumière que par la connaissance du Droit antérieur, qu'il conserve au moins en partie.

II.

Propriété, et démembremens de la propriété.

I. Nous trouvons ici une nouvelle application de l'axiome de Loisel, par lequel nous avons commencé l'article précédent. Les droits réels, chez les Romains, étaient stricts, rigoureux, inflexibles : aucune restriction n'y était faite dans l'intérêt de la sûreté des transactions et de la confiance publique. C'est ainsi que les meubles pouvaient être hypothéqués aussi bien que les immeubles. En France, au contraire, l'exercice de plusieurs droits réels est subordonné au fait de la possession. C'est ainsi que les meubles peuvent seulement être donnés en gage, c'est-à-dire, que leur affectation à une dette n'est valable qu'autant qu'ils ont été mis et sont restés en la possession du créancier[1], et ils n'ont point de suite par hypothèque[2]. On doit même dire, d'une manière plus générale, que les meubles n'ont pas de suite; car, en fait de meubles, la possession vaut titre.[3]

Ce sont là tous axiomes coutumiers, confirmés par le Code, et dont l'esprit et les nombreuses questions qui s'y rattachent, restent un problème pour qui ne les étudie point dans leur origine et leur histoire.

II. En matière de servitudes réelles, les principes généraux adoptés par le Code sont, à quelques exceptions près, assez conformes à ceux du Droit romain. Mais les diverses espèces de servitudes, tant urbaines que rurales, sont chez nous tout autres, et devaient l'être par cela seul que notre manière de bâtir les maisons n'est pas la même, et que le climat, le sol, le genre de culture, présentent de grandes différences. Aussi nos servitudes légales, la mitoyenneté surtout, fondées sur l'intérêt public et le bon voisinage, étaient-elles absolument inconnues au Droit romain. Il en est de même du parcours, de la vaine pâture, et des droits d'usage dans les forêts, soit qu'ils appartiennent à des particuliers ou à des communes entières. Il en est de même encore du bail emphytéotique en Alsace, du domaine congéable en Bretagne.

---

1. Code civil, art. 2076.
2. *Ibidem*, art. 2119.
3. *Ibidem*, art. 2279.

On objectera, sans doute, que l'emphytéose est de Droit romain ; que les titres 3, livre VI, au Digeste, et 66, liv. IV, au Code, et plusieurs Novelles, en ont traité. Mais, si les proportions de cet Essai nous le permettaient, nous entreprendrions de prouver qu'elle ne fut introduite que fort tard, et par une sorte d'accommodement avec les populations germaniques établies comme colons dans l'empire. C'est ce que semblent indiquer déjà les règles sur les lods et ventes, et leur identité avec les principes du Droit coutumier. D'ailleurs l'emphytéose a pris depuis, au moyen âge, une extension que n'avait jamais connue le Droit romain.

III. Le Droit coutumier reconnaissait trois espèces fort importantes de droits réels immobiliers : les droits féodaux et censuels, et les rentes foncières. Par notre nouvelle législation, ces dernières ont été converties en créances mobilières, privilégiées sur l'immeuble qu'elles affectent, et rachetables ; les fiefs et les censives sont abolis. De là, grand débat sur la nature féodale et censuelle, ou simplement foncière, des redevances autrefois dues, soit à des particuliers, soit à des corps et communes, ou par eux, et que chacun prétend, aujourd'hui, selon son intérêt, conservées ou abolies. Le moyen de décider ces contestations nombreuses, si l'histoire ne vous a exactement instruit de l'origine et des caractères distinctifs de chacun de ces droits, dont la limite n'est pas toujours facile à déterminer et a souvent été méconnue selon les préjugés et les passions du moment ?

IV. Ce qui fait le mérite de notre système hypothécaire, ce sont les principes de la publicité et de la spécialité ; ce qui en fait les vices, c'est l'application incomplète de ces principes, dont les heureux résultats sont en partie détruits par des exceptions en apparence équitables, mais ruineuses en réalité. Où les auteurs du Code ont-ils puisé ces principes? Ce n'est pas dans le Corps de Droit, assurément, qui admet les hypothèques générales et occultes, source de tant de fraudes et ruine de la confiance publique. Ils les ont trouvés dans les coutumes dites *de saisine et de nantissement.* Or, celles-ci n'étaient autre chose que le maintien d'un usage autrefois général dans les pays où les principes germaniques ont eu vigueur, et par lequel l'établissement ou la transmission d'un droit réel quelconque ne pouvait se faire que par une tradition publique par une *investiture* formelle et authentique, circonstance qui a même fait croire à tort que c'était un usage féodal. Ces coutumes avaient l'immense avantage de ne rendre pas seulement certaines les charges réelles qui grevaient un immeuble; elles en fixaient la propriété même, assujettie pareillement à cette condition de saisine et d'investiture, tandis que, dans nos lois, la certitude qu'on a cru donner aux hypothèques par leur inscription dans les livres des conservateurs, manque de base, n'y ayant aucun moyen de constater la propriété d'une manière certaine. D'autres temps réclament, sans doute, d'autres formes; mais ce n'est qu'en se pénétrant de l'esprit des coutumes qui produisaient des effets si désirables, que le législateur trouvera à l'avenir les élémens du régime hypothécaire approprié à nos besoins, et découvrira les points sur lesquels devra porter une réforme réclamée depuis long-temps.

III.

Engagemens.

C'est dans la matière des engagemens ou des obligations (comme on dit communément en se servant d'un terme trop général et par conséquent impropre [1]), que le Droit romain a pu être suivi le plus par les rédacteurs du Code, et doit de même nous servir de base pour l'interprétation. Il ne s'agit souvent ici que d'une sorte de logique appliquée, pour déduire les effets d'une convention ou d'un acte quelconque; et les jurisconsultes romains n'étaient pas de médiocres logiciens, puisque Leibnitz les comparait aux géomètres pour la rigueur mathématique de leurs déductions. Toutefois cette matière fut dans le principe et resta longtemps embarrassée, chez les Romains, d'une foule de formes et de formules strictes et sacramentelles, dont l'omission entrainait la nullité de l'acte et la perte du droit. Si, plus tard, tant de rigueur, qui mettait aux relations sociales des entraves trop gênantes, fut corrigée, le principe n'en subsista pas moins, et les restrictions qu'il dut subir, ne firent que défigurer le système et en détruire l'unité. Le Droit coutumier, au contraire, n'est point formaliste : la bonne foi, voilà sa règle; et

---

1. Droit et obligation sont des termes corrélatifs : il y a des obligations qui correspondent aux droits réels (*jus in re*), comme il y a des droits qui correspondent aux obligations personnelles (*jus ad rem, jus in personam*). Le terme du Droit romain, *obligatio*, ne signifie pas toute espèce d'obligation; il ne s'applique qu'aux obligations personnelles, aux ENGAGEMENS, nés du fait de la personne engagée *ex contractu, quasi ex contractu, ex delicto, quasi ex delicto, et variis causarum figuris*.

l'exception du Droit romain se trouve d'abord érigée en principe. C'est un avantage qu'on a su de tous temps apprécier en France, comme le prouve, dans son langage naïf, cet adage coutumier : « On lie les bœufs par « les cornes, et les hommes par les paroles; et autant « vaut une simple promesse ou convenance, que les « stipulations du Droit romain. [1] » Ainsi la distinction des engagemens conventionnels en contrats verbaux, littéraux, consensuels et réels, nommés ou innommés, et en pactes confirmés ou non confirmés, se trouve supprimée avec toutes les difficultés et les subtilités inutiles qu'elle entraine.

De même, le Droit coutumier ne connait, non plus que notre Droit actuel, ces actions de Droit étroit, où, pour avoir demandé plus que son droit, on perdait même ce qu'il y avait de légitime dans la demande, et où l'on était non recevable pour avoir négligé de nommer l'action qu'on voulait intenter, ou s'être servi, en la désignant, d'un terme impropre. En France, « toutes « actions sont de bonne foi, » dit Loisel [2]. Si nous pouvions examiner ici les règles de notre procédure, combien peu y trouverions-nous d'emprunts faits au Droit romain, et, au contraire, une application constante des maximes coutumières!

Parmi les engagemens, il en est une classe nombreuse, inconnue des anciens, et qui a pris naissance de l'accroissement prodigieux du commerce dans l'Europe moderne, comme les lettres de change, les assurances, etc.; et cette source de transactions nouvelles n'est

---

1. Loisel, livre III, tit. 1.ᵉʳ, règle 2.
2. Livre V, tit. 1.ᵉʳ, règle 1.ᵉʳ

point encore tarie, comme le prouve l'expérience même de nos jours. L'histoire de ces sortes d'engagemens propres au commerce, leur origine au moyen âge, leurs développemens et leurs progrès, leur nature particulière et le caractère aléatoire de quelques-uns; enfin, leur usage répandu dans presque toute l'Europe, malgré la diversité des législations, tout cela ouvre un vaste champ à l'étude, qu'il serait impardonnable de réduire encore aux quelques articles du Code de commerce après les savans travaux d'un PARDESSUS.

Mais sans sortir des limites du Droit civil proprement dit, n'avons-nous pas le cheptel, les rentes viagères, le louage des domestiques et beaucoup d'autres contrats, entièrement étrangers au Droit romain? Dans le bail à loyer et à ferme, le Code[1] n'a-t-il pas admis cette importante dérogation au Droit romain, que *louage passe vente*, tandis que, chez les Romains, le droit réel rigoureux du nouveau propriétaire rompait le bail et ne laissait au locataire ou fermier qu'une action en dommages et intérêts contre le vendeur, si celui-ci ne le garantissait pas contre l'éviction?

IV.

Famille.

L'intérêt du père de famille est, dans le Droit romain, le principe constitutif et régulateur de la petite société dont il est le chef. Ses enfans sont *in potestate*; sa femme est *in manu*. L'affection pouvait corriger quelquefois, dans la pratique, la rigueur de la loi, mais la loi était immorale et tyrannique.

---

1. Code civil, art. 1743 - 1751.

On a beaucoup agité autrefois, en France, la question de savoir si la puissance paternelle y était reçue. Sans doute, disaient les uns; il est juste, et dans l'intérêt même des enfans, que le père ait sur eux une certaine puissance, et ayant ainsi établi l'existence d'une puissance paternelle, ils y attachaient toutes les conséquences que le Corps de Droit donne à la puissance paternelle romaine. D'autres, frappés surtout de ces fausses conséquences, contre lesquelles les mœurs nationales protestaient hautement, s'attaquaient au nom même qui les avait occasionées, et tenaient pour maxime très-certaine que « droit de puissance paternelle n'a lieu.[1] »

Ces débats se renouvelèrent lors de la discussion du Code civil, et, en définitive, le nom de la puissance paternelle fut conservé; mais si nous regardons aux effets qu'elle produit, il est évident qu'elle n'a pas été admise dans le sens qu'on y attachait à Rome.

Sa durée n'est plus illimitée : elle ne cesse pas seulement par l'émancipation volontaire du père, mais de plein droit par la majorité ou par le mariage.

Les enfans, même pendant la durée de la puissance, n'ont plus seulement des pécules; ils ont leurs biens particuliers, qu'ils leur soient échus par succession ou par donation, ou qu'ils les aient acquis par leur propre industrie. Le père n'a plus sur ces biens que des droits de jouissance très-bornés. Quant à la propriété, il l'administre à charge d'en rendre compte; et, après la dissolution du mariage, il n'est pas même nécessairement le tuteur de ses enfans, si l'intérêt de ceux-ci exige que la tutelle soit confiée à une autre personne.

---

1. Loisel, livre I, tit. 1.er, règle 37.

Le père n'est plus seul et exclusivement investi de la puissance; la mère aussi y participe.

En un mot, c'est moins un droit du père qu'une sorte particulière de tutelle, fondée, comme toutes les autres, sur l'intérêt de l'enfant, et confiée à ceux que la nature et l'affection semblent indiquer comme les protecteurs les plus sûrs et les plus zélés de l'être auquel ils ont donné le jour. Le Code a adopté le principe de la *garde* ou *mainbournie* (*mundium*), né des mœurs germaniques, suivi par le Droit coutumier, et qui règle les rapports de famille sur le besoin de protection du faible et sur la garantie que donne l'affection et la tendresse des parens.

Les coutumes tenaient, en général, plus de compte de l'esprit de famille; elles ne créaient point une parenté fictive et purement civile, comme faisaient l'adoption, l'émancipation et l'agnation dans le Droit romain; elles savaient respecter les liens que la nature elle-même a formés, et en faire un appui pour les institutions civiles. C'est sur cet esprit de famille, plus respecté et beaucoup plus puissant, qu'étaient fondés les droits et les devoirs mutuels des parens, et notamment l'obligation de défendre et de protéger ceux des membres de la famille qui en avaient besoin. De là ces conseils de famille que le Code a adoptés en les régularisant.

Des principes semblables ont présidé à l'institution du mariage et de la puissance maritale suivant les mœurs germaniques, modernes, françaises, si différentes des mœurs de Rome et de l'antiquité.

Qu'avait su créer le Droit romain avec sa sublime définition du mariage : *Nuptiae sunt conjunctio maris et feminae, consortium omnis vitae, divini et humani juris communicatio* [1]? Rien qu'un pouvoir exorbitant du mari, et, par suite, le régime dotal, c'est-à-dire, un système de défiance organisé contre lui pour conserver du moins les biens de la femme. Était-ce le moyen de réaliser le CONSORTIUM OMNIS VITAE, le *divini et humani* JURIS COMMUNICATIO, qu'une philosophie plus pure ou quelque pressentiment avait fait concevoir à MODESTIN comme l'idéal du mariage?

Après cela, est-il besoin de parler longuement du régime de la communauté conjugale? On sait assez qu'elle est tirée de nos anciennes coutumes, et que le Code n'a guère innové à cet égard, se bornant pour la plupart à en rédiger les règles avec une lucidité digne d'éloges. Et pourtant on ne saurait assez insister sur l'importance de cette vaste matière, sur les nombreuses modifications qu'elle comporte, sur les controverses auxquelles elle a, de tous temps, donné lieu, et dont plusieurs sont à peine indiquées dans le Code; mais ce serait la matière d'un gros livre.

Rien n'est plus instructif et plus intéressant que l'histoire de cette institution la seule qui réponde vraiment à la dignité du mariage. Née du *mundium*, c'est-à-dire du droit de protection du mari, on la voit s'étendre et grandir, particulièrement dans les villes commerçantes, à l'abri des priviléges municipaux, et affecter des formes diverses, selon l'origine et les habitudes des diverses populations. C'est ainsi que la communauté des meubles et acquêts, qui est devenue par le Code civil notre Droit commun [2], était en usage de-

---

1. *L.* 1 ff. *de ritu nupt.*, cf. §. 1, *Inst. de patria potest.*
2. Art. 1393.

puis des siècles dans tous les pays où les Francs se sont établis, non-seulement dans le nord de la France, mais dans la Belgique et dans les provinces allemandes du Rhin. Dans quelques localités, la société conjugale embrassait, au moyen de l'ameublissement, tout ou partie des immeubles propres à l'un ou à l'autre époux, ou devenait même une société universelle. Mais sous quelque forme qu'elle apparaisse, quelque extension qu'elle ait prise, elle est tellement appropriée aux mœurs modernes qu'il a fallu qu'elle s'alliât, comme société d'acquêts, même au régime dotal, dont l'esprit semblait l'exclure : c'est ce qui a eu lieu tant dans le midi de la France qu'en Bavière et en Autriche.

V.

Successions.

Comment les successions sont-elles déférées et acquises? et à qui le sont-elles? Il suffit de poser ces deux simples questions pour reconnaître à l'instant combien sont différentes, dans ces matières, les règles du Droit romain et celles du Droit coutumier, et que ce sont ces dernières qui ont prévalu en grande partie dans le Code civil.

I. En Droit romain, le premier titre de vocation à la succession, c'est le testament; de là la règle : *in dubio pro testamento*. Tant qu'il y a espoir qu'il y aura un héritier testamentaire, la succession *ab intestat*, celle qui est fondée sur les liens du sang, est exclue. Prenez le contrepied de ces principes, vous aurez le Droit coutumier : *Nullum testamentum*, dit Tacite. Lorsque les testamens furent introduits, ils n'eurent jamais l'effet

que d'un codicille. On maintint soigneusement la règle :
Institution d'héritier n'a point de lieu, c'est-à-dire, qu'il
n'est pas nécessaire d'instituer un héritier pour que le
testament soit valable, mais que l'héritier institué ne
saurait être aussi, quant aux effets, autre chose qu'un
légataire. En Droit coutumier, il n'y a de véritables héritiers que les héritiers du sang, et leur titre l'emporte
tellement sur le testament, que la faculté de disposer à
leur préjudice est très-restreinte par le système des
propres ou par la fixation d'une réserve considérable.
On voit à l'instant pour lequel de ces deux systèmes
contraires le Code civil a décidé.

II. Le Droit romain n'admet jamais qu'une succession
unique, qui embrasse la totalité des biens et qui est
transmise tout entière au même titre. De là la règle :
Nemo pro parte testatus, pro parte intestatus dece-
dere potest. De là le droit d'accroissement au profit
de l'un des institués, si ses co-institués ne viennent pas
à la succession ; car la part de ceux-ci ne pourrait faire
retour aux héritiers *ab intestat*, qui ne sont point appelés tant que la succession testamentaire n'est pas
venue à défaillir de tous points. Le Droit coutumier ne
connaissait et le Code n'a admis aucune de ces règles. Les
successions *ab intestat* et testamentaire peuvent exister
concurremment. La première peut elle-même être déférée à des titres divers, comme le prouve le droit de
réversion des ascendans, qui est un droit successif ex-
ceptionnel. [1]

III. Le Droit romain ne connaissait pas les conventions de succéder ; lorsque, fort tard, elles commen-

---

[1]. Code civil. art. ;47.

èrent à s'introduire, Justinien les déclara contraires aux bonnes mœurs. Mais le Droit coutumier de toute l'Europe a admis, comme une stipulation fort légitime, les institutions contractuelles.

Les rédacteurs du Code, préoccupés de la prohibition du Droit romain, les interdirent d'abord par la même raison que Justinien [1]. Plus tard, ils comprirent qu'on devait permettre, en faveur du mariage, toutes les stipulations que ne réprouvaient pas les bonnes mœurs, et, chose étrange! ils mirent au nombre de ces stipulations les institutions contractuelles [2]. Celles-ci sont donc conservées pour les cas où elles avaient lieu le plus fréquemment dès avant la publication du Code.

IV. La succession déférée soit aux héritiers du sang, soit aux légataires et aux successeurs irréguliers, leur est acquise de plein droit du moment de la mort de leur auteur, de telle sorte que s'ils venaient à mourir avant d'avoir expressément accepté les droits qui leur sont échus, ils n'en transmettraient pas moins ces droits à leurs héritiers respectifs [3]. Ces principes du Code civil sont, comme l'on voit, directement opposés à ceux du Droit romain, qui n'admettait l'acquisition de plein droit de la succession que dans le cas du *suus heres*, c'est-à-dire, de l'enfant de famille resté en puissance du père jusqu'à la mort de celui-ci. Encore n'était-ce point, dans ce cas, à proprement parler, un droit de l'héritier, mais une obligation qui lui était imposée,

---

1. Code civil, art. 791, 1130, 1600. Voyez Locré, Législation civile, tom. X, pag. 298 et 299.

2. Code civil, art. 1082, 1084, 1086. Locré, *ibid.*, tom. XI, pag. 417, 483 et 484.

3. Code civil, art. 781, 1014.

puisque, dans l'origine, le *suus heres* était héritier nécessaire (*necessarius*), c'est-à-dire, obligé, forcé, et
qu'on ne lui accorda que plus tard, comme une faveur,
le *beneficium abstinendi*. En Droit coutumier, « il n'est
« héritier qui ne veut. » [1] Mais s'il accepte, l'effet de
l'acceptation ne remonte pas seulement au jour de l'ouverture de la succession ; il n'est pas seulement *censé*
avoir été héritier depuis cette époque, il l'était réelle-
ment déjà : car la succession lui était acquise de plein
droit, et cette présomption de la loi ne cède qu'au fait
contraire de la répudiation.

Il y a plus. Non-seulement la propriété de la succession passe ainsi de plein droit aux héritiers et légataires ;
les héritiers du sang sont encore saisis de plein droit de
la possession de tous les biens dont elle se compose,
non de la possession de fait, mais de la possession
légale avec l'action possessoire qui en dérive, la complainte. La saisine des héritiers n'est pas autre chose.

V. L'ordre des successions *ab intestat*, suivant l'ancien Droit civil des Romains dans les XII Tables, fondé
sur la puissance paternelle, l'agnation, la gentilité et
le patronage, c'est-à-dire, sur la parenté purement civile, convient si peu à nos mœurs, que, dès avant Ci-
céron, il avait cessé de répondre à celles des Romains
eux-mêmes. L'édit du préteur chercha à l'étendre, à le
corriger, à le suppléer, sans pourtant s'en séparer fran-
chement. Après des siècles, Justinien entreprit de re-
fondre et de transformer la législation confuse et inco-
hérente qui était résultée du conflit du Droit civil et du
Droit prétorien ; mais il ne sut pas trouver davantage

---

1. Loysel, livre II, tit. 5, règle 2. Code civil, art. 778.

un principe un et satisfaisant. Tout est dit à cet égard,
et nous n'avons voulu que rappeler de justes critiques,
qu'on trouve partout.

Ce qui est moins connu, ce nous semble, et méri-
terait de l'être, ce sont les vrais principes du Droit germanique, coutumier, français, dans sa pureté primi-
tive. Il faut se garder également de les chercher dans
l'ordre de la succession aux fiefs, où des raisons particulières exigeaient une autre transmission des biens, et
dans celles des coutumes où le Droit romain, inter-
polé lors des rédactions successives, a plus ou moins
altéré l'esprit et les formes du Droit coutumier.

Ce n'est pas une vaine puérilité que la différence dans
la manière de compter les degrés de parenté suivant le
Droit romain ou suivant le Droit canonique, qui a
suivi en cela, comme en beaucoup d'autres choses, les
principes germaniques. Toute la différence dans l'ordre
des successions s'explique par là.

En collatérale, le Droit canon et le Droit germanique comptent la parenté par la proximité du tronc
commun dont les deux collatéraux sont issus. Pour
les prohibitions de mariage, le Droit canon compte le
nombre de générations ou de degrés qui séparent du
tronc commun celui des deux collatéraux qui s'en
éloigne le plus. Pour la vocation à la succession, le
Droit germanique compte le nombre de degrés qui séparent le de cujus du tronc commun le plus proche
sous lequel le collatéral successible se réunit avec lui.
Le Droit romain appelle les collatéraux à la succession
suivant la proximité du degré, et le Droit germanique
suivant la proximité du lignage (*linea, parentela*).

Le Droit coutumier a toujours établi ce principe que

les propres ne remontent point. Alors ils n'étaient déférés qu'aux descendans ou à leur défaut aux collatéraux, et les ascendans ne succédaient qu'aux meubles et aux acquêts. D'autres fois les ascendans étaient habiles à succéder à toute sorte de biens du défunt, soit seuls, soit concurremment avec les collatéraux; car il n'y avait point d'uniformité à cet égard; mais, soit que les ascendans succédassent ou fussent exclus par les collatéraux, l'ordre des lignages appelés à succéder était toujours fort simple.

Le premier lignage appelé à la succession était celui des descendans, qui se réunissaient sous le défunt lui-même comme leur souche commune.

Le second lignage, appelé à défaut de descendans, était celui du père ou de la mère et des descendans d'eux, c'est-à-dire, des frères et sœurs, neveux et nièces, et ainsi de suite. Le privilége du double lien n'était point admis. S'il se trouve dans beaucoup de coutumes, c'est une altération de leurs principes, produite par l'introduction du Droit justinien.

Le troisième lignage comprenait l'aïeul ou l'aïeule et leurs descendans, tels que les oncles et tantes, cousins germains, etc.

Ainsi les lignages se comptaient, de tronc en tronc, suivant la proximité de l'ascendant sous lequel les successibles se trouvaient placés avec le défunt comme sous leur auteur le plus rapproché. Entre collatéraux d'un même lignage, le plus proche en degré l'emportait.

Ajoutez à cela la règle fameuse : *paterna paternis, materna maternis*, en vertu de laquelle les biens se partageaient entre les ascendans et collatéraux des deux lignes paternelle et maternelle, de telle sorte que les propres retournassent toujours du côté et estoc dont ils étaient venus.

Tels sont les principes fort simples et toujours conséquens avec eux-mêmes qui, dans le Droit coutumier, fondèrent l'ordre de successibilité sur l'esprit de famille et le désir de lui conserver toute sa force.

La loi du 17 Nivôse an II leur rendit hommage de la manière la plus éclatante, en ordonnant la délation des successions par ordre de lignages. Malheureusement le dessein de morceler les propriétés lui fit admettre la représentation en ligne collatérale jusqu'à l'infini, et l'on crut encore y voir la refente entre les diverses branches de chaque ligne. Aussi y eut-il réaction contre cette application fausse et exagérée des principes coutumiers. Le Code, en prohibant la refente, et en admettant la représentation pour les descendans des frères et sœurs seulement, alla jusqu'à ordonner que la proximité du degré déciderait seule de la successibilité entre les autres collatéraux : suivant ainsi la règle du Droit romain pour les lignages ultérieurs après avoir adopté le Droit coutumier pour les deux premiers. L'on est donc fondé à dire que le Code, à cet égard, manque de tout système, puisqu'il n'a suivi complétement ni l'une ni l'autre des sources de notre Droit national. On ne peut pas dire non plus qu'il ait établi un système qui lui soit particulier, car nous ne saurions voir de système là où il n'y a point de principes constans. On a voulu que l'ordre des successions *ab intestat* fût un testament présumé et suivit les affections naturelles du défunt. Mais alors il fallait que la présomption cédât à la preuve du contraire ; il fallait, avec le Droit romain, reconnaître le testament et la libre faculté de disposer comme la règle ; il fallait réduire les plus proches parens à une faible légitime ; il fallait donner la saisine à l'héritier institué, et non à l'héritier naturel ; en un mot, il fallait faire tout ce que le Code n'a point fait ni ne pouvait faire sans blesser toutes nos habitudes et nos idées. Nous avons la ferme persuasion que la législation, ne fût-ce que pour simplifier la matière, rétablira tôt ou tard en son entier l'ordre de successions par lignages, et reviendra, en cela, aux dispositions de la loi de Nivôse an II, qui n'a fait elle-même que recueillir et corroborer le principe de nos anciennes coutumes, fondées sur l'esprit et les mœurs des sociétés modernes.

Faut-il regretter de même la règle : *paterna paternis*, etc., abrogée par cette même loi du 17 Nivôse, et que le Code n'a point rétablie ? Nous ne le pensons point. Sans parler des inconvéniens qu'entraine la recherche de l'origine des biens, leur simple partage entre les deux lignes, sans égard au côté d'où ils sont descendus, nous semble être pour ces lignes ce que la communauté de biens est pour les époux : une conséquence naturelle et légitime de l'alliance de deux familles.

Si nous résumons toutes ces considérations sur l'ordre des successions, il ne sera pas permis de douter que, bien que le Code n'ait pas suivi en tout les principes coutumiers, leur connaissance ne soit du moins indispensable à son intelligence et à son interprétation.